AYUDANTES DE LA COMUNIDAD

BOMBEROS

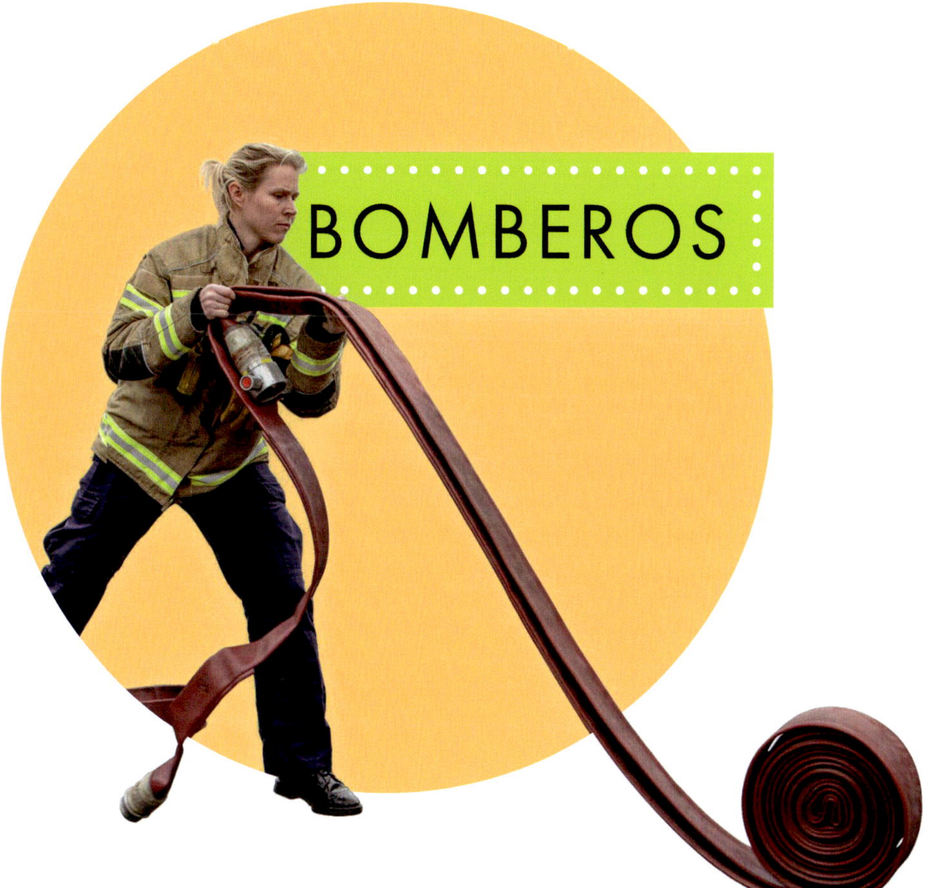

por Golriz Golkar

equipo contra incendios

camión de bomberos

Busca estas palabras e imágenes mientras lees.

escalera

manguera

Los bomberos nos ayudan.
¿Qué hacen?

equipo contra incendios

¡Ring! ¡Ring! ¡Es hora de irse! ¡Hay un incendio! Se ponen el equipo contra incendios. Se deslizan por el tubo.

¡Ahí viene el camión de bomberos! Los autos se detienen a un lado de la calle. El camión de bomberos pasa a toda velocidad.

camión de bomberos

25
25

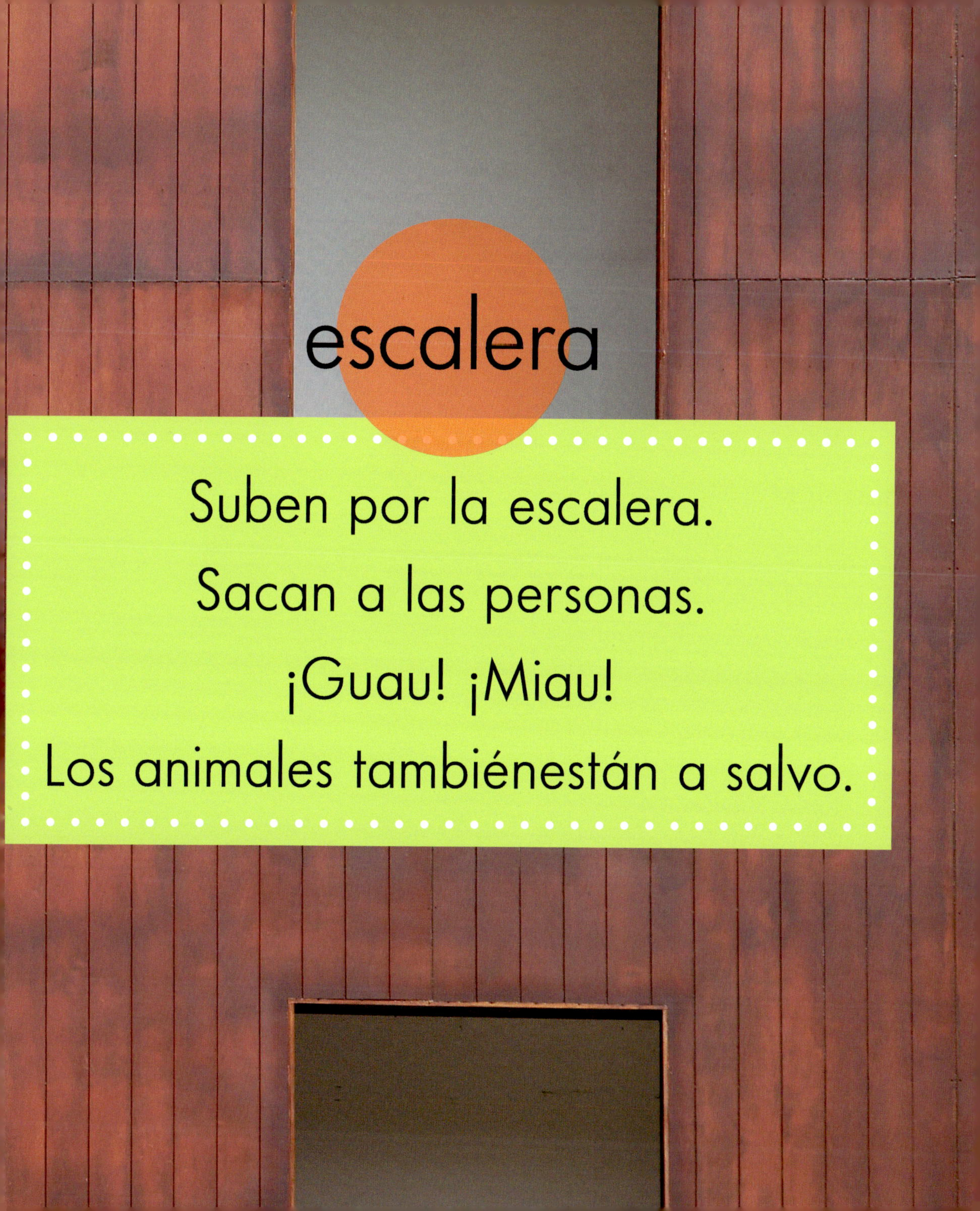

escalera

Suben por la escalera.

Sacan a las personas.

¡Guau! ¡Miau!

Los animales tambiénestán a salvo.

manguera

¡Saca la manguera!

¡Salpica!

Rocían mucha agua.

¡El fuego se ha extinguido!

06

Ayudan a las personas
que lo necesitan.
Reparten agua.
A veces, dan abrazos.

Los bomberos apagan incendios. ¡Ayudan a mantener a las personas a salvo!

equipo contra incendios

camión de bomberos

¿Lo encontraste?

escalera

manguera

Publicado por Amicus Learning, un sello de Amicus
P.O. Box 227, Mankato, MN 56002
www.amicuspublishing.us

Library of Congress Cataloging-in-Publication Data
Names: Golkar, Golriz, author.
Title: Bomberos / by Golriz Golkar.
Other titles: Firefighters. Spanish
Description: Mankato, MN: Amicus Learning, an imprint of Amicus, [2026] | Series: Ayudantes de la comunidad | Audience term: Children | Audience: Ages 4-7 | Audience: Grades K-1 | Summary: "Firefighters put out fires, protect people and animals, and more. Learn how they help the community in this low-level beginning reader that reinforces new Spanish vocabulary with a search-and-find feature. A great early social studies book that will inspire kindergartners and first graders to learn about jobs in their community. Translated into North American Spanish"—Provided by publisher.
Identifiers: LCCN 2024051307 (print) | LCCN 2024051308 (ebook) | ISBN 9798892006705 (library binding) | ISBN 9798892007306 (paperback) | ISBN 9798892007900 (ebook)
Subjects: LCSH: Fire fighters—Juvenile literature. | Occupations—Juvenile literature.
Classification: LCC HD8039.F5 G6618 2026 (print) | LCC HD8039.F5 (ebook) | DDC 363.37—dc23/eng/20241211
LC record available at https://lccn.loc.gov/2024051307
LC ebook record available at https://lccn.loc.gov/2024051308

Ana Brauer, editora
Deb Miner, diseñador de la serie
Sara Hood, diseñador de libro y investigación fotográfica

Créditos de Imágenes: Alamy Stock Photo/ Chris Rabior 911 Images, 10-11, Jeff Gilbert, 1; Getty Images/Frazao Studio Latino, 14, ryasick, 6-7, Witthaya Prasongsin, 12, ChiccoDodiFC, 8-9, Dusan Petkovic, 4-5, serhii.suravikin, cover, VAKS-Stock Agency, 3